Bibliographic information published by the German National Library:

The German National Library lists this publication in the National Bibliography; detailed bibliographic data are available on the Internet at http://dnb.dnb.de .

Imprint:

Copyright © 2016 GRIN Verlag, Open Publishing GmbH
Print and binding: Books on Demand GmbH, Norderstedt Germany
ISBN: 978-3-668-13908-4

This book at GRIN:

http://www.grin.com/es/e-book/314911/la-cultura-organizacional-y-su-incidencia-en-el-desempeno-de-la-gestion

Marco Antonio De Lama Castillo

La cultura organizacional y su incidencia en el desempeño de la gestión en el gobierno regional de Piura

GRIN Publishing

GRIN - Your knowledge has value

Since its foundation in 1998, GRIN has specialized in publishing academic texts by students, college teachers and other academics as e-book and printed book. The website www.grin.com is an ideal platform for presenting term papers, final papers, scientific essays, dissertations and specialist books.

Visit us on the internet:

http://www.grin.com/

http://www.facebook.com/grincom

http://www.twitter.com/grin_com

I. INTRODUCCIÓN
1.1. ANTECEDENTES

El Gobierno Regional Piura es un organismo que emana de la voluntad popular. Tiene personería jurídica de derecho público, con autonomía política, económica y administrativa en asuntos de su competencia, constituyendo, administrativa, económica y financieramente un Pliego Presupuestal.

Realiza una aplicación coherente y eficaz de las políticas e instrumentos de desarrollo económico, social, poblacional, cultural y ambiental, a través de planes, programas y proyectos, orientados a generar condiciones que permitan consolidar el proceso de descentralización del país y el crecimiento económico armonizado con la dinámica demográfica, el desarrollo social equitativo y la conservación de los recursos naturales y el ambiente en el territorio regional, orientado hacia el ejercicio pleno de los derechos de hombres y mujeres en igualdad de oportunidades.

CTAR Piura sustituyó a la Asamblea y Consejo Regional de la Región Grau, que fuera creada con Ley Nº 24793 el 16 de febrero de 1988, como un organismo descentralizado con personería jurídica y de derecho público interno, con autonomía administrativa y económica, siendo creado sobre la base de los departamentos de Piura y Tumbes

DENOMINACIONES DEL GOBIERNO REGIONAL (1936 – 2013)	
DENOMINACIÓN	AÑO
Gobierno Regional Piura	2003
Consejo Transitorio de Administración Regional Piura - CTAR Piura	1992
Asamblea y Consejo Regional de la Región Grau	1988
Corporación de Desarrollo de Piura - CORPIURA	1981
Organismos de Desarrollo del Norte - ORDENORTE	1978
Sistema Nacional de Movilización Social - SINAMOS	1969
Corporación de Desarrollo de Piura - CORPIURA	1963
Junta de Obras Públicas	1936

VISIÓN DE DESARROLLO

Al 2021, Piura es una región descentralizada, ordenada, articulada y competitiva, con justicia social, que desarrolla una plataforma productiva basada en la agroindustria y pesquería de exportación, el turismo y el aprovechamiento social y ambientalmente responsable de la diversidad de sus recursos naturales y servicios logísticos internacionales; donde la gestión gubernamental, la inversión privada en formas empresariales diversas y una población que valora su identidad e institucionalidad, concertan e implementan la gestión estratégica del desarrollo regional garantizando condiciones de desarrollo humano sostenible.

VISIÓN INSTITUCIONAL AL 2016

Al 2016, el Gobierno Regional Piura lidera el desarrollo regional articulado, descentralizado y transparente con talento humano competitivo y comprometido con una gestión eficaz orientada a resultados.

MISIÓN

El Gobierno Regional Piura conduce y promueve el desarrollo regional, articulando y definiendo políticas públicas concertadas orientadas a mejorar el bienestar de la población.

1.1.2 Cultura organizacional: definición.

"La cultura organizacional es un concepto amplio" (Jean & Yu, 2004, p. 79), y "complejo" (James & Connolly, 2009, p. 402) sobre la cual no se ha generado consenso. Esta falta de consenso según Shein, (1990) se debe a la intersección generada por diferentes disciplinas de las ciencias sociales (antropología, sociología, la psicología social y el comportamiento organizacional).

Tabla 1. Definiciones de cultura organizacional.

Garibaldi, Wetzel, & Ferreira (2009)	Conjunto de significados y valores que los miembros de una organización tienen. Estos significados y valores son los bloques de construcción de OC y se expresan mediante símbolos, comportamientos y estructura.
Pettigrew (1979),	La cultura de una empresa se manifiesta por símbolos, lenguajes, ritos, mitos, que son creados y difundidos por ciertos directivos para influir sobre el comportamiento de los miembros de la empresa.
Ansoff (1985)	Denomino cultura de un grupo al conjunto de normas y valores de un grupo social que determinan sus preferencias por un tipo concreto de comportamiento estratégico.

1.1.3 Teorías de cultura organizacional

1.1.3.1 Hacia una definición de cultura

La cultura organizacional es un tema que ha generado un boom desde la década de los ochenta. Sin embargo, este término tiene una amplia gama de perspectivas de estudio que explicamos en este primer apartado como una forma de acercamiento a este concepto.

El concepto de cultura es nuevo en cuanto a su aplicación a la gestión empresarial. Es una nueva óptica que permite a la gerencia comprender y mejorar las organizaciones. Los conceptos que a continuación se plantearán han logrado gran importancia, porque obedecen a una necesidad de comprender lo que ocurre en un entorno y explican por qué algunas actividades que se realizan en las organizaciones fallan y otras no en la cual los actores organizaciones llevan sus culturas de origen a la organización y ahí tienen lugar una serie de interrelaciones que hacen única esa cultura organizacional en ese contexto, el cual a su vez está influido por la cultura societal y la cultura corporativa de la organización.

1.1.3 Teorías de cultura organizacional

1.1.3.2 Perspectivas de estudio de la cultura

Para estudiar la cultura organizacional existe una gran cantidad de enfoques y perspectivas, pero existen tres que han sido las más aceptadas por la comunidad internacional académica. De acuerdo con Antonio Barba (1999), la cultura puede ser estudiada desde tres perspectivas a partir de la década de los ochenta (Véase cuadro II):

a).- El management comparativo, considera a la cultura como variable externa e importada a la organización por sus propios miembros. La investigación en esta área ve a la cultura desde la perspectiva de la residencia geográfica, lingüística o grupos étnicos;

b).- La cultura como una organización informal. Trata a la cultura como algo que se desarrolla en la organización y es equivalente a la organización informal, conceptual izada como expresiva y no relacionada con los aspectos del trabajo de la vida organizacional y

c).- La cultura como una organización formal e informal. Incluye el trabajo en sí mismo, la tecnología, la estructura formal de la organización, el lenguaje cotidiano además de los mitos, las historias o el lenguaje especializado.

Como control organizacional es probable que la cultura esté íntimamente relacionada con el desempeño de la organización, aunque se necesita saber mucho sobre el desarrollo de esa cultura en particular, para validar tal relación. En este enfoque se expresa que las organizaciones con culturas fuertes bien desarrolladas, es una característica importante de las organizaciones de desempeños notables. El término cultura fuerte quiere decir que la mayor parte de los directivos y empleados comparten un conjunto de valores y métodos para llevar a cabo negocios firmes.

Las culturas fuertes se asocian con desempeños fuertes por tres razones: con frecuencia una cultura fuerte concilia una estrategia; la cultura fuerte conduce a la coincidencia de metas entre los empleados; la cultura fuerte lleva al compromiso y la motivación del empleado (Citado por Hellriegel, 1998).

Con frecuencia, se citan los altos grados de administración participativa y el uso extendido del trabajo en equipo como característica de culturas organizacionales exitosas y efectivas. En la administración participativa los directivos, comparten con los empleados la toma de decisiones, establecimiento de metas y solución de problemas. Por supuesto que los niveles altos de participación no se adaptan a todas las situaciones y las tareas (Hellriegel, 1998).

Es posible resumir los efectos de la cultura organizacional sobre el comportamiento y el desempeño del empleado en cuatro ideas básicas:

✓ Primero, conocer la cultura de una organización permite a los empleados comprender la trayectoria de la empresa y su enfoque actual. Este conocimiento, brinda asesoría sobre los comportamientos esperados para el futuro.

✓ Segundo, la cultura organizacional fomenta el compromiso con la filosofía y los valores empresariales. Este comportamiento produce sentimientos compartidos con el objeto de trabajar por metas comunes.

✓ Tercero, la cultura organizacional a través de las normas, representa un mecanismo de control, para canalizar hacia los comportamientos deseables y alejar los indeseables.

✓ Por último, ciertos tipos de culturas, se relacionan en forma directa con mayor efectividad y productividad que otros (Hellriegel, 1998).

1.2. PROBLEMA

¿Cuál es la incidencia para mejorar la cultura organizacional en el desempeño de la gestión en el personal del Gobierno Regional de Piura?

1.3. HIPÓTESIS

La cultura organizacional tiene incidencia y está relacionado con el desempeño de la gestión en el personal Gobierno Regional de Piura.

1.4. OBJETIVO DE LA INVESTIGACIÓN

1.4.1. Objetivo General

Demostrar que la cultura organizacional incide y está relacionado con el desempeño de la gestión del personal en el Gobierno Regional de Piura.

1.4.2. Objetivos Específicos

> Describir la cultura organizacional de acuerdo a la percepción del personal del Gobierno Regional de Piura.

> Identificar la calidad de gestión del personal del Gobierno Regional de Piura.

> Establecer la relación entre la cultura organizacional y el desempeño de la gestión del personal del Gobierno Regional de Piura.

II. MATERIAL Y MÉTODOS
2.1. Material de Estudio

Población
Todo el personal del Gobierno Regional de Piura.
Muestra
Lo constituyen el personal de la Sede Central del Gobierno Regional de Piura.

Carreras	Nombrados	Contratado	CAS	Total PEA
FUNCIONARIOS Y DIRECTIVOS	122	4	1	127
PROFESIONALES	86	89	174	349
TECNICOS	143	89	123	355
AUXILIARES	42	48	98	188
TOTALES	393	230	421	1019

2.2. Métodos y Técnicas

Metodología

Para el desarrollo de la investigación se utilizó el método deductivo, que nos permitió partir de situaciones generales explicadas por un marco teórico general relacionado con la gestión de las organizaciones.

Técnicas

Cuestionarios

Se aplicó cuestionarios sobre cultura organizacional y gestión a los trabajadores de la sede del Gobierno Regional de Piura para identificar el nivel del problema.

Documentaria

Sobre el clima organizacional, se utilizó libros, revistas, periódicos, documentos, memorias y compendios estadísticos, así como materiales necesarios relacionados con el tema.

III. RESULTADOS

3.1 Conocimientos de la edad de los trabajadores del Gobierno Regional de Piura

Cuadro N° 1

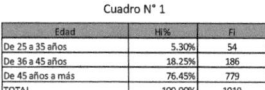

Edad	Hi%	Fi
De 25 a 35 años	5.30%	54
De 36 a 45 años	18.25%	186
De 45 años a más	76.45%	779
TOTAL	100.00%	1019

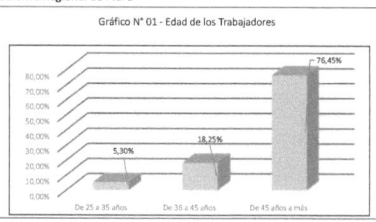

El cuadro N° 1 muestra que los datos de 1019 trabajadores 54 de ellos representan el 5.30% tienen edades entre 25 a 35 años, 186 trabajadores que representan el 18.25% tienen edades entre 36 y 45 años y 779 trabajadores que representan el 76.45% tiene edades mayores a 45 años. Según el cuadro indica que la mayoría de trabajadores son personas de más de 45 años.

III. RESULTADOS

3.2 Conocimiento del género de los trabajadores del Gobierno Regional de Piura (Sede Central)

Cuadro N° 2

Género	Hi%	Fi
Masculino	60.45%	616
Femenino	39.55%	403
TOTAL	100.00%	1019

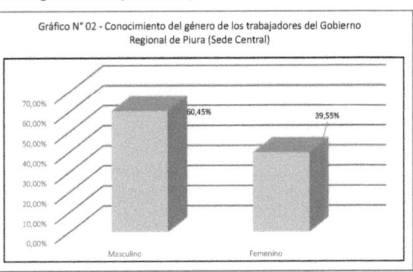

Gráfico N° 02 - Conocimiento del género de los trabajadores del Gobierno Regional de Piura (Sede Central)

El cuadro N° 2 muestra que de los 1019 trabajadores, 616 de ellos que representan 60.45% son de género masculino y 403 personas que representan el 39.55% son de género femenino. Lo que indica que el predomina el personal masculino.

III. RESULTADOS

3.3 Claridad de metas de los trabajadores del Gobierno Regional de Piura (Sede Central)

Cuadro N° 3

Identificación	Hi%	Fi
(1) Nunca	0.00%	0
(2) Poco	2.16%	22
(3) Regular	15.21%	155
(4) Mucho	19.53%	199
(5) Siempre	63.10%	643
TOTAL	100.00%	1019

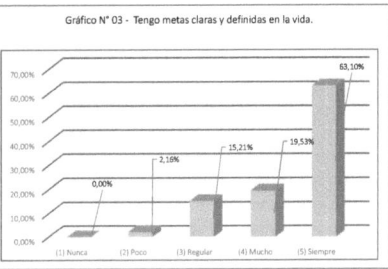

Gráfico N° 03 - Tengo metas claras y definidas en la vida.

El cuadro N° 3 muestra que de los 1019 trabajadores 643 que representan el 63.10% tienen bien definidas las metas, 199 que representan 19.53% tienen definidas en mucho, 155 que representan que representa el 15.21% les parece regular, 22 que representan el 2.16% les parece poco.

III. RESULTADOS

3.4 La institución que viene trabajando se ha identificado con usted en los últimos años.

Cuadro N° 4

Identificación	Hi%	Fi
(1) Nunca	2.16%	22
(2) Poco	37.00%	377
(3) Regular	47.79%	487
(4) Mucho	10.89%	111
(5) Siempre	2.16%	22
TOTAL	100.00%	1019

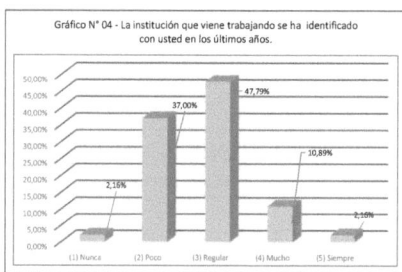

Gráfico N° 04 - La institución que viene trabajando se ha identificado con usted en los últimos años.

El cuadro N° 4 muestra que de los 1019 trabajadores la institución se ha identificado con ellos los cuales 22 que representan el 2.16% siempre, 111 que representan 10.89% es mucho, 487 que representan 47.79% regular, 377 que representan el 37.00% poco, 22 que representan el 2.16% nunca como podemos observar la mayoría de trabajadores de la Región Piura – Sede Central reconoce que no hay un reconocimiento de la institución hacia ellos.

III. RESULTADOS

3.5 Se valora los altos niveles de desempeño en el trabajo.

Cuadro N° 5

Identificación	Hi%	Fi
(1) Nunca	2.16%	22
(2) Poco	37.00%	377
(3) Regular	41.32%	421
(4) Mucho	13.05%	133
(5) Siempre	6.48%	66
TOTAL	100.00%	1019

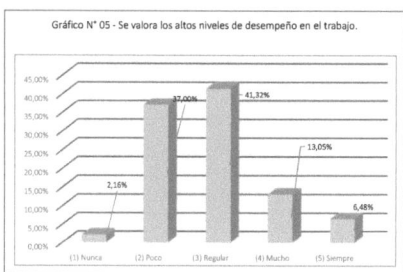

Gráfico N° 05 - Se valora los altos niveles de desempeño en el trabajo.

El cuadro N° 5 muestra que de los 1019 trabajadores la institución se ha identificado con ellos los cuales 22 que representan el 2.16% es nunca, 377 que representan 37.00% es poco, 421 que representan 41.32% es regular, 133 que representan el 13.05% es mucho, 66 que representan el 6.48% es siempre.

III. RESULTADOS

3. 6 En la institución que trabaja se mejora continuamente los métodos de trabajo

Cuadro N° 6

Identificación	Hi%	Fi
(1) Nunca	8.73%	89
(2) Poco	26.10%	266
(3) Regular	47.79%	487
(4) Mucho	15.21%	155
(5) Siempre	2.16%	22
TOTAL	100.00%	1019

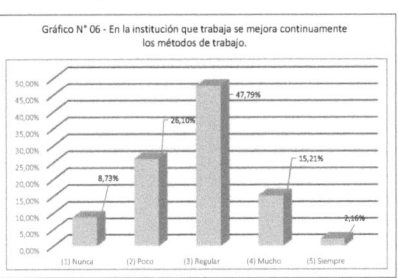

Gráfico N° 06 - En la institución que trabaja se mejora continuamente los métodos de trabajo.

El cuadro N° 6 muestra que de los 1019 trabajadores la institución se ha identificado con ellos los cuales 89 que representan el 8.73% es nunca, 266 que representan 26.10% es poco, 487 que representan 47.79% es regular, 155 que representan el 15.21% es mucho, 22 que representan el 2.16% es siempre.

III. RESULTADOS

3.7 Recibe la preparación necesaria para realizar sus labores encargadas.

Cuadro N° 7

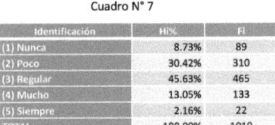

Identificación	Hi%	Fi
(1) Nunca	8.73%	89
(2) Poco	30.42%	310
(3) Regular	45.63%	465
(4) Mucho	13.05%	133
(5) Siempre	2.16%	22
TOTAL	100.00%	1019

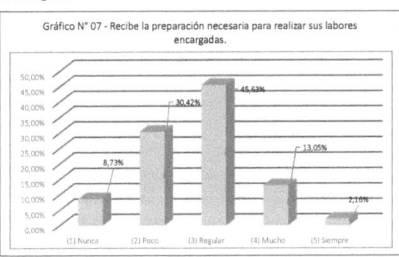

Gráfico N° 07 - Recibe la preparación necesaria para realizar sus labores encargadas.

El cuadro N° 7 muestra que de los 1019 trabajadores la institución se ha identificado con ellos los cuales 89 que representan el 8.73% es nunca, 310 que representan 30.42% es poco, 465 que representan 45.63% es regular, 133 que representan el 13.05% es mucho, 22 que representan el 2.16% es siempre.

III. RESULTADOS

3.8 Se cuenta con la oportunidad de mejorar su trabajo.

Cuadro N° 8

Identificación	Hi/%	Fi
(1) Nunca	0.00%	0
(2) Poco	21.79%	222
(3) Regular	43.47%	443
(4) Mucho	19.53%	199
(5) Siempre	15.21%	155
TOTAL	100.00%	1019

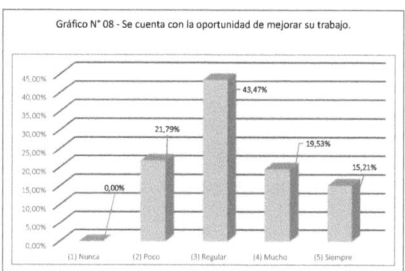

Gráfico N° 08 - Se cuenta con la oportunidad de mejorar su trabajo.

El cuadro N° 8 muestra que de los 1019 trabajadores la institución se ha identificado con ellos los cuales 0 que representan el 0% es nunca, 222 que representan 21.79% es poco, 443 que representan 43.47% es regular, 199 que representan el 19.53% es mucho, 155 que representan el 15.21% es siempre, lo que se muestra aquí es que los trabajadores no cuentan con esa oportunidad para mejorar el trabajo.

III. RESULTADOS

3.9 Considera que existe un trabajo justo en su entidad.

Cuadro N° 9

Identificación	Hi/%	Fi
(1) Nunca	10.89%	111
(2) Poco	10.89%	111
(3) Regular	60.84%	620
(4) Mucho	15.21%	155
(5) Siempre	2.16%	22
TOTAL	100.00%	1019

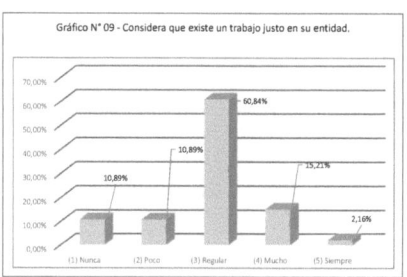

Gráfico N° 09 - Considera que existe un trabajo justo en su entidad.

El cuadro N° 9 muestra que de los 1019 trabajadores la institución se ha identificado con ellos los cuales 111 que representan el 10.89% es nunca, 111 que representan 10.89% es poco, 620 que representan 15.21% es regular, 155 que representan el 15.21% es mucho, 22 que representan el 2.16% es siempre.

III. RESULTADOS

3.10 La entidad se preocupa por su bienestar familiar.

Cuadro N° 10

Identificación	HI%	Fi
(1) Nunca	23.95%	244
(2) Poco	41.32%	421
(3) Regular	32.58%	332
(4) Mucho	0.00%	0
(5) Siempre	2.16%	22
TOTAL	100.00%	1019

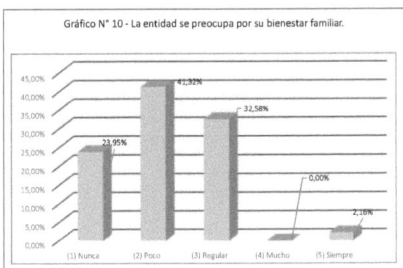

Gráfico N° 10 - La entidad se preocupa por su bienestar familiar.

El cuadro N° 10 muestra que de los 1019 trabajadores la institución se ha identificado con ellos los cuales 224 que representan el 23.95% es nunca, 421 que representan 41.32% es poco, 332 que representan 32.58% es regular, 0 que representan el 0% es mucho, 22 que representan el 2.16% es siempre.

III. RESULTADOS

3.11 Ud. Cree usted que la población está satisfecha con el trabajo del gobierno regional.

Cuadro N° 11

Identificación	HI%	Fi
(1) Nunca	8.73%	89
(2) Poco	45.63%	465
(3) Regular	41.32%	421
(4) Mucho	4.32%	44
(5) Siempre	0.00%	0
TOTAL	100.00%	1019

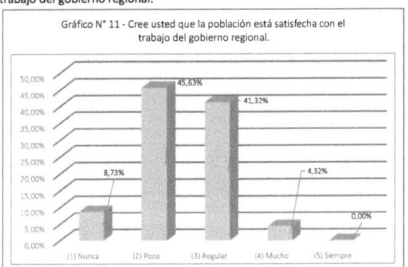

Gráfico N° 11 - Cree usted que la población está satisfecha con el trabajo del gobierno regional.

El cuadro N° 11 muestra que de los 1019 trabajadores la institución se ha identificado con ellos los cuales 89 que representan el 8.73% es nunca, 465 que representan 45.63% es poco, 421 que representan 41.32% es regular, 44 que representan el 4.32% es mucho, 0 que representan el 0% es siempre.

III. RESULTADOS

3.12 Está de acuerdo que el Gobierno Regional necesita una reorganización.

Cuadro N° 12

Identificación	Hi%	Fi
(1) Nunca	0.00%	0
(2) Poco	10.89%	111
(3) Regular	15.21%	155
(4) Mucho	45.63%	465
(5) Siempre	28.26%	288
TOTAL	100.00%	1019

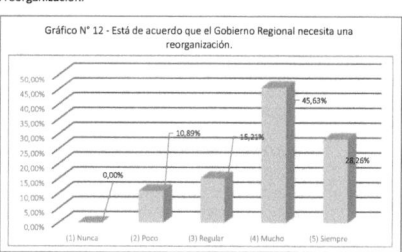

Gráfico N° 12 - Está de acuerdo que el Gobierno Regional necesita una reorganización.

El cuadro N° 12 muestra que de los 1019 trabajadores la institución se ha identificado con ellos los cuales 0 que representan el 0% es nunca, 111 que representan 10.89% es poco, 155 que representan 15.21% es regular, 465 que representan el 45.63% es mucho, 288 que representan el 28.26% es siempre.

IV. DISCUSIÓN

Las personas constituyen el elemento más valioso de toda organización y justamente muy especial en el Gobierno Regional de Piura – Sede Central y lo que se busca es que la gestión de estos servidores armonicen con los intereses de la sociedad.

La cultura es el patrón integrado por el comportamiento humano y que influye en el pensamiento, los actos, el habla y los artefactos; depende de la capacidad del ser humano para aprender y para transmitir conocimientos a los integrantes de la organización y a las generaciones siguientes.

La gestión de los servidores público siempre se ha caracterizado por su complejidad y por la falta de planificación y dirección coherente, producto de la coexistencia de distintos regímenes laborales diferentes, reglas de juego, diferencia en las remuneraciones, incorporaciones por recomendaciones sin una evaluación correspondiente.

IV. DISCUSIÓN

Según las observaciones a los trabajadores el Gobierno Regional de Piura – Sede Central cuenta con 76.45% de trabajadores mayores a 45 años estos trabajadores que cuentas con más de 15 años según Jacques (1951) tienen una forma acostumbrada o tradicional de pensar y hacer las cosas. La cual es compartida por todos los integrantes de la organización y los nuevos integrantes deben aprenderla y aceptarla.

Según el cuadro N° 3.3 se puede observar que el 63.10% de trabajadores tiene definidas sus metas personales que de manera general, se identifica con los objetivos o propósitos que una persona se marca. Se habla de meta o metas en la vida para hablar de los objetivos que se pretenden alcanzar en la vida. Se trata de objetivos abstractos aunque puedan ir asociados a objetivos concretos.

IV. DISCUSIÓN

En el Cuadro 3.4 gran parte de los trabajadores 47.79% regular y 37% muy poco este dato indica que la mayoría de trabajadores percibe que la institución no se identifica con ellos y justamente se corrobora la información en el cuadro 3.5 donde los niveles de desempeño no son valorados por la institución, muchas veces los funcionarios que conducen la gestión del Gobierno Regional de Piura – Sede Central tienen la creencia de que solamente el aspecto remunerativo visto como incentivo de trabajo equivocan y obvian otros aspectos como reconocimiento o escala de puestos en base de competencia, oportunidades para seguir en su crecimiento profesional. Uno de los aspectos que poco es tomado en cuenta en la administración pública es la definición y el seguimiento de metas las cuales siempre son fijadas en sus planes operativos los mismo que al no cumplir con la claridad en la definición no hacen un seguimiento de las mismas para evaluar los resultados obtenidos.

IV. DISCUSIÓN

Existe una disparidad en el tratamiento de los procesos de gestión de recursos humanos (selección, capacitación, evaluación, movilidad, desvinculación, remuneración e incentivos) en función del régimen laboral al que pertenece el trabajador.

No se aplica los principios de mérito y desempeño para el ingreso, permanencia y retención en el servicio y no existe mecanismos de monitoreo de los procesos de selección ni el diseño de perfiles de puestos. La selección está basada en las características de la persona a ser elegida y no en las características del puesto.

IV. DISCUSIÓN

El bienestar familiar es la palanca que mueve a una persona a seguir en su lucha permanente de superación o de trabajo, la percepción de los trabajadores de la Región Piura – Sede Central es que la institución no se identifica o no se preocupa con su bienestar familiar si no simplemente siente que debe ir a cumplir con sus labores y retirarse al horario de salida perdiendo el sentido de pertenencia a la institución.

Podemos observar que ellos perciben que su trabajo no satisface a la población ya que no existe esa coordinación o ese sentido de aporte de hacer diferentes y a través de los cambios politicos hace que los objetivos previstos queden de lado y sean cambiantes conforme van cambiando autoridades y estas van probando sus cuadros que quizá por inexperiencia o desconocimiento de su cultura organización hace que se fracase en lo propuesto por ellos.

La mayoría del personal del Gobierno Regional – Sede Central siente la necesidad de que se haga una reorganización a su entidad esto es muy esencial ya que todo ser humano tiende la necesidad de experimentar cambios aun cuando la resistencia está allí.

IV. DISCUSIÓN

El bienestar familiar es la palanca que mueve a una persona a seguir en su lucha permanente de superación o de trabajo, la percepción de los trabajadores de la Región Piura – Sede Central es que la institución no se identifica o no se preocupa con su bienestar familiar si no simplemente siente que debe ir a cumplir con sus labores y retirarse al horario de salida perdiendo el sentido de pertenencia a la institución.

Podemos observar que ellos perciben que su trabajo no satisface a la población ya que no existe esa coordinación o ese sentido de aporte de hacer diferentes y a través de los cambios políticos hace que los objetivos previstos queden de lado y sean cambiantes conforme van cambiando autoridades y estas van probando sus cuadros que quizá por inexperiencia o desconocimiento de su cultura organización hace que se fracase en lo propuesto por ellos.

La mayoría del personal del Gobierno Regional – Sede Central siente la necesidad de que se haga una reorganización a su entidad esto es muy esencial ya que todo ser humano tiende la necesidad de experimentar cambios aun cuando la resistencia está allí.

V. PROPUESTA

La mejora de la cultura organizacional en una institución empieza con una serie de pasos si esta es alineada con los objetivos puede ayudar a lograrlos de forma más eficiente y eficaz.

La cultura organizacional es la cara externa de la institución cuyos elementos básicos son:

- Valores y creencias compartidos. Afirmaciones de lo que está bien o mal dentro de la organización y de las consecuencias que tienen las acciones de cada elemento que la conforma.
- Identidad propia. La manera en la que los empleados se identifican proporcionándoles especificidad, identidad y coherencia hacia el exterior.
- Persistente. Aunque evoluciona constantemente, es resistente a los cambios bruscos.

V. PROPUESTA

En el Gobierno Regional de Piura – Sede Central se debe empezar con los siguientes pasos:

1. Diagnosticar y reconocer los elementos de la cultura prevaleciente en la Región Piura – Sede Central.
2. Reafirmar los valores y demás elementos valiosos de la cultura actual de los trabajadores de la Región Piura – Sede Central y cambiar aquellos que no son compatibles con la visión establecida en la Región.
3. Selección de nuevos miembros identificando rasgos específicos en los candidatos que estén de acorde a la cultura de la organización y en caso que la selección se haga en la misma entidad debe realizarse la capacitación que conlleve a la cultura identificada con la misión actual del Gobierno Regional.
4. Hacer que los principales funcionarios desde el Presidente Regional hasta los funcionarios de primer nivel se conviertan en modelos positivos mediante su comportamiento de servicio.

V. PROPUESTA

5. Promover los valores y principios que sean congruente con el entorno del Gobierno Regional – Sede Central.
6. Diseñar un plan de mejora continua el cual debe participar los trabajadores en dicha elaboración mediante talleres.
7. Implementación y difusión de normas que implican pautas de comportamiento y reglamentos que se respeten.
8. Las características propias del ambiente de trabajo deben ser reorganizadas propiciando la mejor distribución de los ambientes de trabajo.
9. Diseñar un modelo o sistema de retroalimentación donde las quejas sean mostradas de forma anónima desde los usuarios y/o trabajadores puedan expresar sus ideas o desacuerdo de ellas.
10. Diseñar un sistema de seguimiento o de evaluación continua que permita identificar las principales causas de desconexión con la población.

V. PROPUESTA

El Diagnóstico de Conocimientos

Es un instrumento para la mejora de las estrategias de capacitación de las personas al Gobierno Regional de Piura; que consiste en la aplicación de una prueba en línea dirigida a los operadores de los Sistemas Administrativos.

Mejorar la eficiencia en el gasto público en capacitación mediante una adecuada planificación y gestión de recursos, priorizándolos de acuerdo a las brechas de conocimiento identificadas.

Tácticas para luchar contra la resistencia al cambio – Kotter y Schlesinger (1979)

1. Educación y comunicación: se puede disminuir la resistencia a través de la comunicación la cual puede incluir informes, reuniones, etc. Es recomendable que los funcionarios dialoguen con los trabajadores y les expliquen exactamente en qué consistirá el cambio.

V. PROPUESTA

2. Participación: Los miembros de la organización deben formar parte del proceso de cambio antes de que este ocurra para que puedan participar en la toma de decisiones y así obtener su compromiso y disminuir la resistencia.
3. Apoyo y compromiso: Debe invertirse en capacitaciones y asesorías para que los trabajadores adquieran habilidades para aceptar el cambio y ser innovadores se puede superar la resistencia al cambio. También pueden establecerse programas de apoyo, para combatir la ansiedad y así lograr el compromiso con los trabajadores.
4. Negociación: Los funcionarios debe ser especifico que tipo de beneficios ofrecerían ya que las limitantes presupuestales pueden hacer fracasar cualquier tipo de negociación.
5. Manipulación y cooptación: La manipulación significa utilizar información y hechos de manera selectiva, asi como cambiarlos a fin de que parezcan atractivos creando falsos rumores para que los empleados acepten el cambio.
6. Coacción: Se refiere a las amenazas ya sean implícitas o explícitas los despidos y transferencias.

VI. CONCLUSIONES

1. El Gobierno Regional de Piura brinda servicios ciudadanos los cuales no se prestan adecuadamente porque la cultura organizacional existente no lo permite.

2. El clima organizacional del Gobierno Regional de Piura está condicionado por la percepción que tienen sus trabajadores de la manera cómo se gestiona a las personas que allí laboran y esto condiciona con el clima de trabajo, lo cual traduce en un deficiente servicio que reciben los ciudadanos.

3. La forma que los trabajadores ven la realidad y la interpretación que hay es de vital importancia para el Gobierno Regional dado que las actitudes, percepciones, personalidad, valores y su aprendizaje evidentemente afectan la calidad de los servicios que se brindan.

VI. CONCLUSIONES

4. Las condiciones de trabajo, oportunidades de carrera y desarrollo profesional, el manejo de compensaciones y reconocimientos así como la comunicación en el trabajo de equipo y falta de conocimiento de los instrumentos de gestión, objetivos institucionales tiene influencia en la cultura corporativa y el comportamiento de los trabajadores lo que se traduce en una rutina del desarrollo de sus trabajo.

5. La implementación de un plan mejora continua permitirá a la institución modificar la cultura organizacional a través de los cambios producidos por el aprendizaje que van a incorporar conceptos de eficiencia y eficacia conceptos claves de la cultura organizacional.

VII.   REFERENCIAS BIBLIOGRAFICAS

ABRAVANEL, H. (1982) Cultura Organizacional. Prentice Hall. Hispanoamericana. México

ALVARADO, Otoniel (2000) Elementos de la Administración General. Editorial UDEGRAF S.A. Lima

BRUNET, Luc. (1997) El clima de trabajo en las organizaciones. Definición, Diagnóstico y consecuencias. Editorial Trillas, México

BROW Warren y MOBERG Dennis (1990) Teoría de la organización y la Administración. Editorial Limusa. México.

CHIAVENATO, Idalberto (1995) Introducción a la Teoría General de la Administración. Editorial Mc Graw Hill. Bogotá

CHIAVENATO, Idalberto (2010) Innovaciones de la administración tendencias y estrategias los nuevos paradigmas. Editorial Mc Graw Hill. México.

DAVIS Keith y NEWSTROM Jhon (1999) Comportamiento humano en el trabajo. Editorial Mc Graw Hill. Bogotá.

DELGADO, C.E. (1990) La Influencia de la Cultura en la Conducta del Consumidor. Informe. U.S.B., Caracas.

VII.   REFERENCIAS BIBLIOGRAFICAS

FLORES, M. Tesis "La Cultura Organizacional y su incidencia en la mejora de la calidad del servicio en el Gran Hotel Bolívas S.A.". UNTTrujillo.

GALIANO, E. (1985) Ser como ellos. Editorial Siglo XXI, Madrid.

GARCÍA, R. (2003) "La Cultura Organizacional, procesos para lograr una organización aprendiz en SEDALIB S.A." UNT, Trujillo.

GARDNER, J. (1995) El Contexto y las atribuciones del Lider. Editorial Trillas, México.

OLIVER LINARES, ESTUARDO (2005) La Tesis de Doctorado. Escuela de Post Grado de la Universidad Nacional de Trujillo. Perú.

ROBBINS, Steph. (1988) Fundamentos del Comportamiento Organizacional. México.

ROBBINS, Steph. (2004) Comportamiento organizacional. Editorial Prentice-Hall. México.

ROBBINS, STEPHEN (1992) Comportamiento Organizacional. Editorial Prentice-Hall, México.

ROSALES, LINARES (1996) Estrategias Gerenciales para la Pequeña y Mediana Empresa. Ediciones IESA, Caracas.

SHERMAN Y BONHLADER (1994) Administración de Recursos Humanos. Editorial Iberoamérica, México